मात्राम....
mātrāmālā

A book for Hindi third level

सम्पादन समूह:

रीना शर्मा	Rina Sharma
जय सिंह	Jay Singh
अनीता सिंह	Anita Singh
मंजू मौर्य	Manju Maurya
भूपेन्द्र मौर्य	Bhupendra Maurya

प्रकाशक: वैदिक विद्यालय: **Vedic Vidyalay**

SCHOOL OF INDIAN LANGUAGES, ARTS, AND SCIENCES

http://www.VedicVidyalay.org

Tel: +1(855) 99-VEDIC

स्वर मात्रा के साथ

अ	आ ा	इ ि	ई ी
उ ु	ऊ ू	ए े	ऐ ै
ओ ो	औ ौ	अं ं	अः :	ऋ ृ

व्यंजन

क	ख	ग	घ	ङ
च	छ	ज	झ	ञ
ट	ठ	ड	ढ	ण
त	थ	द	ध	न
प	फ	ब	भ	म

य	र	ल	व
श	ष	स	ह

क्ष	त्र	ज्ञ

कक्षा के समय प्रार्थना

सरस्वति नमस्तुभ्यं वरदे कामरूपिणि।
विद्यारम्भं करिष्यामि सिद्धिर्भवतु मे सदा॥
गुरुर्ब्रह्मा गुरुर्विष्णु: गुरुर्देवो महेश्वर:।
गुरु: साक्षात्परं ब्रह्म तस्मै श्रीगुरवे नम:॥
ॐ सह नाववतु सह नौ भुनक्तु सह वीर्यं करवावहै।
तेजस्विनावधीतमस्तु मा विद्विषावहै॥
ॐ शांति: शांति: शांति: ।

Prayer before class

sarasvati namastubhyaṁ varadē kāmarūpiṇi
vidyārambhaṁ kariṣyāmi siddhirbhavatu mē sadā
gururbrahmā gururviṣṇu: gururdēvō mahēśvara:
guru: sākṣātparaṁ brahm tasmai śrīguravē nama:
ōm̐ sah nāvavatu sah nau bhunaktu sah vīryaṁ karavāvahai
tējasvināvadhītamastu mā vidviṣāvahai
ōm̐ śāṁti: śāṁti: śāṁti:

प्रात: प्रार्थना

कराग्रे वसते लक्ष्मीः करमूले सरस्वती।
करमध्ये तु गोविन्दः प्रभाते करदर्शनम् ॥
समुद्रवसने देवी पर्वतस्तन मण्डले।
विष्णुपत्नी नम्स्तुभ्यं पादस्पर्शं क्षमस्वमे॥

Morning Prayer

karāgrē vasatē lakṣmīḥ karamūlē sarasvatī
karamadhyē tu gōvindaḥ prabhātē karadarśanam
samudravasanē dēvī parvatastan maṇḍalē
viṣṇupatnī namstubhyaṁ pādasparśaṁ kṣamasvamē

भोजन के समय की प्रार्थना

यज्ञशिष्टाशिन: सन्तो मुच्यन्ते सर्वकिल्बषै:।
भुज्यन्ते ते त्वघं पापा ये पचन्त्यात्म कारणात् ॥
यत्करोषि यदश्नासि यज्जुहोषि ददासि यत्।
यत्तपस्यसि कौन्तेय तत्कुरुष्व मदर्पणम् ॥
अहं वैश्वानरो भूत्वा प्राणिनां देहमाश्रित: ।
प्राणापानसमायुक्त: पचाम्यन्नं चतुर्विधम् ॥
ॐ सह नाववतु सह नौ भुनक्तु सह वीर्यं करवावहै।
तेजस्विनावधीतमस्तु मा विद्विषावहै॥
ॐ शांति: शांति: शांति:।

Mealtime prayer

yajñaśiṣṭāśina: santō mucyantē sarvakilbaṣai:
bhujyantē tē tvaghaṁ pāpā yē pacantyātm kāraṇāt
yatkarōṣi yadaśnāsi yajjuhōṣi dadāsi yat
yattapasyasi kauntēy tatkuruṣv madarpaṇam
ahaṁ vaiśvānarō bhūtvā prāṇināṁ dēhamāśrita:
prāṇāpānasamāyukta: pacāmyannaṁ caturvidham
ōm̐ sah nāvavatu sah nau bhunaktu sah vīryaṁ karavāvahai
tējasvināvadhītamastu mā vidviṣāvahai
ōm̐ śāṁti: śāṁti: śāṁti:

बारहखड़ी BarahKhadi

What is Barahkhadi?

In the Devanagari script which is used to write Hindi, Sanskrit, Nepali etc., vowels have two form. Its own form and Maatra form when they follow a consonant. eg: raam र आ म becomes राम. Notice here that the aa maatra has become a vertical line in the word. Like this, other vowels take different shapes, as given below.

An अ basically completes a consonant. Combining all the 12 vowels with consonants makes barahkhadi, as in the examples given below. Please speak loudly and write the barahkhadi on the next few pages.

अ	आ	इ	ई	उ	ऊ	ए	ऐ	ओ	औ	अं	अः
	◌ा	ि◌	◌ी	◌ु	◌ू	◌े	◌ै	◌ो	◌ौ	◌ं	◌ः
क	का	कि	की	कु	कू	के	कै	को	कौ	कं	कः
ख	खा	खि	खी	खु	खू	खे	खै	खो	खौ	खं	खः
ग	गा	गि	गी	गु	गू	गे	गै	गो	गौ	गं	गः
घ	घा	घि	घी	घु	घू	घे	घै	घो	घौ	घं	घः

बारहखड़ी BarahKhadi(contd.)

अ	आ	इ	ई	उ	ऊ	ए	ऐ	ओ	औ	अं	अः
क											
ख											
ग											
घ											
च											
छ											
ज											
झ											
ट											
ठ											
ड											
ढ											
ण											
त											
थ											
द											
ध											

बारहखड़ी BarahKhadi (contd.)

अ	आ	इ	ई	उ	ऊ	ए	ऐ	ओ	औ	अं	अः
न											
प											
फ											
ब											
भ											
म											
य											
र											
ल											
व											
श											
ष											
स											
ह											
क्ष											
त्र											
ज्ञ											

अ

हर अक्षर को पूरा करता है। इसके बिना अक्षर आधा या हलन्त के साथ रहता है, जैसे क् ड् क्या बच्चा

A completes every letter, without it letter is written half or with halant

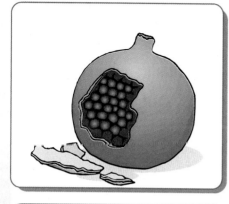

अ

अनार

Pomegranate

कमल

Lotus

कल	Tomorrow
कम	Less
कलम	Pen
कलश	Pot

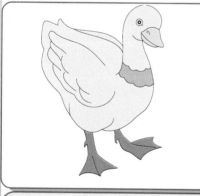

बतख

Duck

खरल	Grinder
फसल	Crop
बहन	Sister
मगर	Crocodile

पढ़ो और लिखो: Read and write

मदन उठ । Madan get up.

नल पर चल । Walk to the tap.

जल भर । Fill water.

अब घर चल । Now walk home.

आ

आ = ◌ा

आम ām
Mango

क् + आ = का
कान kāna Ear

ख् + आ = खा
खाट khāṭ Bed

ध् + आ = धा
आधा ādhā Half

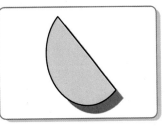

ग् + आ = गा
गाजर gājara Carrot

पढ़ो, फीके अक्षरों को गाढ़ा करो और लिखो:

का खा गा घा ङा चा छा जा झा ञा टा ठा

का खा गा घा ङा चा छा जा झा ञा टा ठा

डा ढा णा ता था दा धा ना पा फा बा भा

मा या रा ला वा शा षा सा हा क्षा त्रा ज्ञा

पढ़ो, फीके अक्षरों को गाढ़ा करो और लिखो:

 **जहाज** ship	 **छाता** umbrella	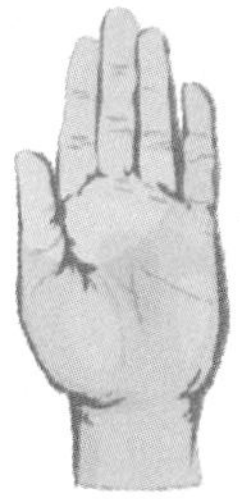 **हाथ** hand	 **अनार** pomegranate	 **दरवाजा** door
जहाज	छाता	हाथ	अनार	दरवाजा
बाजार market	**बाजा** orchestra	**मकान** house	**गमला** flowerpot	**जानवर** animal
बाजार	बाजा	मकान	गमला	जानवर
गाजर carrot	**बरसात** rain	**दरबार** court	**महाराज** king	**पाठशाला** school
गाजर	बरसात	दरबार	महाराज	पाठशाला

पढ़ो :

लता छाता ला । Lata get the umbrella.

बाजार से फल ला । Get the fruits from the market.

जानवर जंगल में रहते हैं । The animals live in the jungle.

बाहर बरसात हो रही है । It is raining outside.

महाराज का दरबार लगा है। The king 's court is in session.

इ

इ = ि

इमली imalī
Tamarind

ग् + इ = गि
गिलास gilāsa Glass

द + इ = दि
दिया diyā Lamp

क + इ = कि
तकिया takiyā Pillow

ह + इ = हि
हिरन hirana Deer

पढ़ो, फीके अक्षरों को गाढ़ा करो और लिखो:

कि खि गि घि ङि चि छि जि झि ञि टि ठि

कि खि गि घि ङि चि छि जि झि ञि टि ठि

डि ढि णि ति थि दि धि नि पि फि बि भि

मि यि रि लि वि शि षि सि हि क्षि त्रि ज्ञि

पढ़ो, फीके अक्षरों को गाढ़ा करो और लिखो:

किला fort	**किसान** farmer	**डाकिया** mailman	**किताब** book	**सितार** sitar
किला	किसान	डाकिया	किताब	सितार
दिन day	**चित्र** picture	**पहिया** wheel	**नारियल** coconut	**पिता** father
दिन	चित्र	पहिया	नारियल	पिता
कितना how much	**गिन** count	**किया** did	**लिया** took	**कविता** poem
कितना	गिन	किया	लिया	कविता

पढ़ो :

किरन इधर आ । Kiran come here.

सितार बजा । Play the sitar.

किताब उठा । Pick up the book.

गिलास ला । Get the glass.

दिया जला । Light the lamp.

ई

ई = ी

ईख īkh

Sugarcane

क् + ई = की

कील kīla Nail

ल + ई = ली

तितली titalī Butterfly

त + ई = ती

नाशपाती nāśapātī

Pear

ड़ + ई = ड़ी

मकड़ी makaṛī

Spider

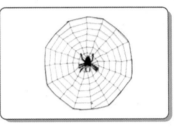

पढ़ो, फीके अक्षरों को गाढ़ा करो और लिखो:

की खी गी घी ङी ची छी जी झी ञी टी ठी

की खी गी घी ङी ची छी जी झी ञी टी ठी

डी ढी णी ती थी दी धी नी पी फी बी भी

मी यी री ली वी शी षी सी ही क्षी त्री ज्ञी

पढ़ो, फीके अक्षरों को गाढ़ा करो और लिखो:

बकरी goat	**कमीज** shirt	**हाथी** elephant	**घड़ी** watch	**लड़की** girl
बकरी	कमीज	हाथी	घड़ी	लड़की
महीना month	**मीठा** sweet	**कहानी** story	**पतली** thin/slim	**दीदी** sister
महीना	मीठा	कहानी	पतली	दीदी
कीमत price	**पहाड़ी** hill	**शीशा** mirror	**जीभ** tongue	**मछली** fish
कीमत	पहाड़ी	शीशा	जीभ	मछली

पढ़ो :

दीदी आई । नाशपाती लाई । Didi came. She got pears.

डाकिया आया । डाक लाया । The mailman came. He got the mail.

कमीज नीली है । The shirt is blue.

लड़की ने घड़ी पहनी है । The girl is wearing a watch.

पहाड़ी पर चढ़ । Climb the mountain.

वाक्य बनाओ Make Sentences

नीचे लिखे वाक्यों की तरह दूसरे बनाओ और लिखो। Make & Write similar sentences with words given.

1. मदन अनार खा । आम, पान मत,सामान, ला

2. लता खाना खा रही है । जा, नहा, उठ, खड़ा

3. जहाज पानी में है । सड़क पर, छत पर

4. गीता किताब पढ़ रही है । लिख, बरतन साफ, कपड़ा धो

5. किसान काम कर रहा है । आराम, कसरत, टहल, घास काट

6. राम नाशपाती खा रहा है । तरबूज, पी , दूध

7. कमल और बतख जल में हैं । तेल, पकौड़ी, कड़ाई

8. अमर, दिया जला । अभ्यास कर, सो मत

9. लता, जीभ साफ कर । नाखून,

10. मेरी कहानी लम्बी है ।

वाक्य बनाओ Make Sentences

नीचे लिखे वाक्यों की तरह दूसरे बनाओ और लिखो। Make & Write similar sentences

11. मदन कमीज पहन।

12. लड़की गाना गा रही है।

13. लता कविता पढ़।

14. पहाड़ी पर जानवर हैं।

15. यह आम मीठा है।

16. दस तक गिन।

17. अपना हाथ दिखा।

18. कार का एक पहिया गिर गया।

19. मछली जल की रानी है।

20. नारियल का पानी मीठा है।

उ

उ = ु

उल्लू ullū

Owl

ग + उ = गु

गुलाब gulāba

Rose

क + उ = कु

कुर्सी kursī

Chair

छ + उ = छु

कछुआ kachuā

Turtle

ब + उ = बु

साबुन sābuna

Soap

पढ़ो, फीके अक्षरों को गाढ़ा करो और लिखो:

कु खु गु घु ङु चु छु जु झु ञु टु ठु

कु खु गु घु ङु चु छु जु झु ञु टु ठु

डु ढु णु तु थु दु धु नु पु फु बु भु

मु यु रु लु वु शु षु सु हु क्षु त्रु ज्ञु

पढ़ो, फीके अक्षरों को गाढ़ा करो और लिखो:

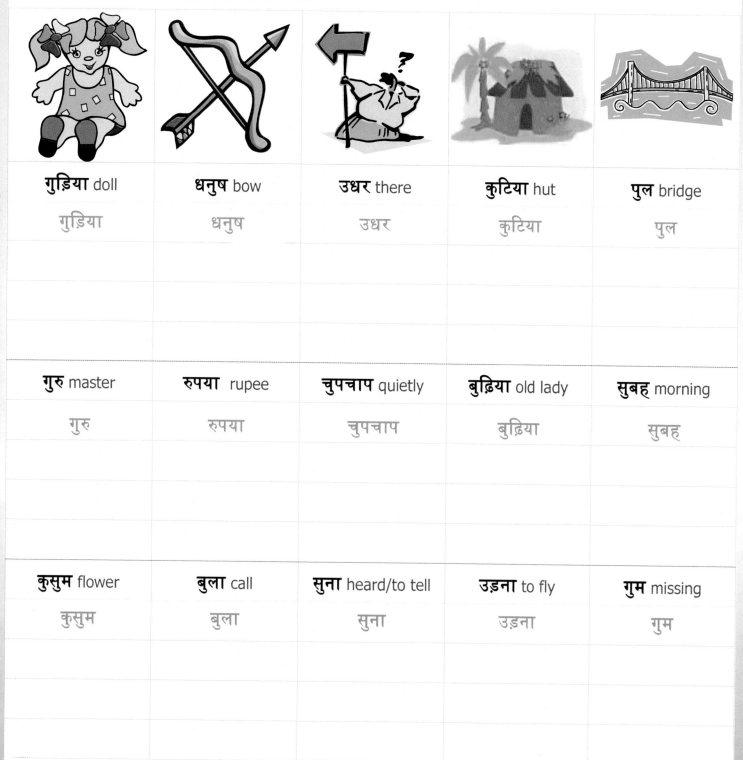

गुड़िया doll	**धनुष** bow	**उधर** there	**कुटिया** hut	**पुल** bridge
गुड़िया	धनुष	उधर	कुटिया	पुल
गुरु master	**रुपया** rupee	**चुपचाप** quietly	**बुढ़िया** old lady	**सुबह** morning
गुरु	रुपया	चुपचाप	बुढ़िया	सुबह
कुसुम flower	**बुला** call	**सुना** heard/to tell	**उड़ना** to fly	**गुम** missing
कुसुम	बुला	सुना	उड़ना	गुम

पढ़ो :

सुनील नदी पर जा । Sunil go to the river.

साबुन मल कर नहा । Scrub with soap and bathe.

पुल पर मत चढ़ । Do not climb the bridge.

एक कहानी सुना । Tell a story.

कुसुम चुपचाप काम कर । Kusum do your work quietly.

ऊ

ऊ = ◌ू

ऊन ūn

Wool

ज + ऊ = जू

जूता jūtā Shoe

क + ऊ = कू

चाकू cākū Knife

ल + ऊ = लू

आलू ālū Potato

फ + ऊ = फू

फूल phūla Flower

पढ़ो, फीके अक्षरों को गाढ़ा करो और लिखो:

कू खू गू घू ङू चू छू जू झू ञू टू ठू

कू खू गू घू ङू चू छू जू झू ञू टू ठू

ड़ू ढू णू तू थू दू धू नू पू फू बू भू

मू यू रू लू वू शू षू सू हू क्षू त्रू ज्ञ

पढ़ो, फीके अक्षरों को गाढ़ा करो और लिखो:

 **सूरज** sun	 **भालू** bear	 **कबूतर** pigeon	 **चूहा** mouse	 **तरबूज** watermelon
सूरज	भालू	कबूतर	चूहा	तरबूज
काजू cashew nut	**दूध** milk	**झूला** swing	**झाड़ू** broom	**खुशबू** scent
काजू	दूध	झूला	झाड़ू	खुशबू
भूख hunger	**जादू** magic	**पूजा** worship	**चूड़ी** bangle	**नाखून** nail
भूख	जादू	पूजा	चूड़ी	नाखून

पढ़ो :

सूरज निकला । The sun came out.

फूल खिल गया । The flowers bloomed.

दूध वाला आया । The milkman came.

भूख लगी है । I am hungry.

काजू खा । Eat cashews.

ए

ए = ◌े

एकता ēkatā
Unity

श + ए = शे
शेर śēra

प + ए = पे
पेड़ pēṛa Tree

स + ए = से
सेब sēba Apple

क + ए = के
केला kēlā Banana

पढ़ो, फीके अक्षरों को गाढ़ा करो और लिखो:

के खे गे घे ङे चे छे जे झे ञे टे ठे

के खे गे घे ङे चे छे जे झे ञे टे ठे

डे ढे णे ते थे दे धे ने पे फे बे भे

मे ये रे ले वे शे षे से हे क्षे त्रे ज्ञे

पढ़ो, फीके अक्षरों को गाढ़ा करो और लिखो:

१				
एक one	**मेज** table	**रेल** train	**भेड़** sheep	**करेला** bitter gourd
एक	मेज	रेल	भेड़	करेला
तेल oil	**सहेली** female friend	**मेहमान** guest	**पेट** stomach	**तारे** stars
तेल	सहेली	मेहमान	पेट	तारे
सफेद white	**खेल** game / play	**तेज** fast	**सवेरा** morning	**बेटा** son
सफेद	खेल	तेज	सवेरा	बेटा

पढ़ो :

तारे चमक रहे हैं। The stars are shining.

गाड़ी तेज मत चला। Don 't drive the car fast.

भेड़ सफेद रंग की है। The sheep is white in color.

दिनेश झूले पर खेल रहा है। Dinesh is playing on the swing.

सवेरा हुआ। It 's morning.

ऐ

ऐ = ै

ऐनक ainak
Eyeglasses

ब + ऐ = बै
बैल baila
Bull

त + ऐ = तै
तैराक tairāka
Swimmer

स + ऐ = सै
सैनिक sainika
Soldier

क + ऐ = कै
कैदी kaidī
Prisoner

पढ़ो, फीके अक्षरों को गाढ़ा करो और लिखो:

कै खै गै घै ङै चै छै जै झै ञै टै ठै

कै खै गै घै ङै चै छै जै झै ञै टै ठै

ड़ै ढै णै तै थै दै धै नै पै फै बै भै

मै यै रै लै वै शै षै सै है क्षै त्रै ज्ञै

पढ़ो, फीके अक्षरों को गाढ़ा करो और लिखो:

 **थैला** bag	 **नैन** eyes	 **कैंची** scissor	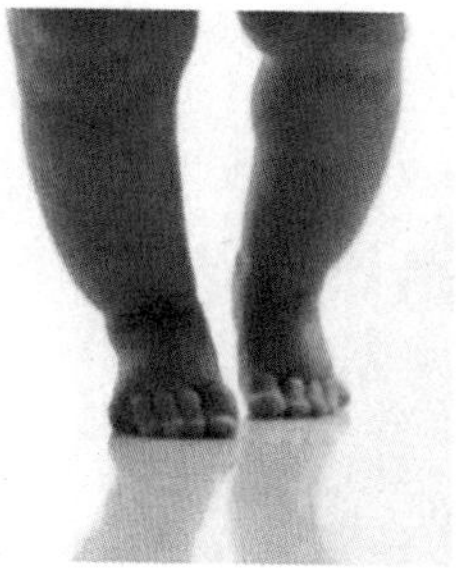 **पैर** foot	 **टैक्सी** taxi
थैला	नैन	कैंची	पैर	टैक्सी
बगैर without	**चैन** relief	**बैठ** sit	**भैया** brother	**मैल** dirt
बगैर	चैन	बैठ	भैया	मैल
बैर enmity/hatred	**कैसे** how	**जैसे** such as	**वैसे** by the way	**ऐसे** like this
बैर	कैसे	जैसे	वैसे	ऐसे

पढ़ो :

राम, कुर्सी पर बैठ । Ram, sit on the chair.

गीता के नैन सुन्दर हैं । Geeta's eyes are beautiful.

खैर, तुम बोलो । Well, you speak.

मेरे पैर में मैल है । My foot has dirt.

वैसे तुम जा कहाँ रहे हो ? By the way, where are you going?

23

वाक्य बनाओ Make Sentences

नीचे लिखे वाक्यों की तरह दूसरे बनाओ और लिखो। Say & Write similar sentences with words given.

1. मैं सुबह पाठशाला पढ़ने जाता हूँ। साम, घर, खेल के मैदान, खरीदारी करना

2. राम उधर से जा। इधर , खा

3. गाय दूध देती है। मुर्गी अण्डा , पेड़ फल,

4. चूहा बिल्ली से डरता है। कुत्ता

5. यह मेज लकड़ी की बनी है। घर ईट, स्टील

6. मेरे घर में मेहमान हैं। पाठशाला छात्र, कार सामान

7. शेर जंगल का राजा है। राष्ट्रीय पक्षी

8. मैने एक सफेद हाथी देखा है। काला घोड़ा, सुन्दर मोर

9. हमें काम ऐसे नहीं करना चाहिये। पढ़ना, पकड़ना

10. लता, कैंची से कपड़ा काट। कलछुल, इस्त्री

वाक्य बनाओ Make Sentences

नीचे लिखे वाक्यों की तरह दूसरे बनाओ और लिखो। Make & Write similar sentences.

11. लता गुड़िया से खेल रही है।

12. कागज हवा में उड़ रहा है।

13. तरबूज मीठा है।

14. आसमान में अनेक तारें हैं।

15. मेरा पेट भर गया है।

16. बेटा तेज चल।

17. मुझे भूख लगी है।

18. हमें भगवान की पूजा करनी चाहिए।

19. चिड़िया आसमान में उड़ रही है।

20. राम, बगैर चीनी के दूध पी।

ओ

ओ = ो

ओखली ōkhalī

Mortar and Pestle

घ + ओ = घो

घोड़ा ghōṛā

Horse

ग + ओ = गो

खरगोश kharagōśa

Rabbit

म + ओ = मो

मोटर mōṭara

Vehicle

ढ + ओ = ढो

ढोलक ḍhōlaka

Indian Drum

पढ़ो, फीके अक्षरों को गाढ़ा करो और लिखो:

को खो गो घो ङो चो छो जो झो ञो टो ठो

को खो गो घो ङो चो छो जो झो ञो टो ठो

डो ढो णो तो थो दो धो नो पो फो बो भो

मो यो रो लो वो शो षो सो हो क्षो त्रो ज्ञो

पढ़ो, फीके अक्षरों को गाढ़ा करो और लिखो:

 मोर peacock	 तोता parrot	 मोची cobbler	 बोतल bottle	 टोपी hat
मोर	तोता	मोची	बोतल	टोपी

बोल speak	खोल open	सोना to sleep	लोमड़ी fox	डोर thread
बोल	खोल	सोना	लोमड़ी	डोर

लोग people	रोना to cry	धोबी washerman	धोना to wash	गोल round
लोग	रोना	धोबी	धोना	गोल

पढ़ो :

मोची ने मेरा थैला ठीक कर दिया ।   The cobbler repaired my bag.

पुस्तक खोल ।   Open the book.

डोर पतली है । The thread is thin.

यहाँ बहुत लोग हैं । There are many people over here.

दुनिया गोल है । The world is round.

औ

औ = ौ

औरत aurat
Woman

क् + औ = कौ
कौआ kauā
Crow

त + औ = तौ
तौलिया tauliyā
Towel

च + औ = चौ
चौबीस caubīsa
Twenty Four

त + औ = तौ
हतौड़ा hatauṛā
Hammer

पढ़ो, फीके अक्षरों को गाढ़ा करो और लिखो:

कौ खौ गौ घौ ङौ चौ छौ जौ झौ ञौ टौ ठौ

कौ खौ गौ घौ ङौ चौ छौ जौ झौ ञौ टौ ठौ

डौ ढौ णौ तौ थौ दौ धौ नौ पौ फौ बौ भौ

मौ यौ रौ लौ वौ शौ षौ सौ हौ क्षौ त्रौ ज्ञौ

पढ़ो, फीके अक्षरों को गाढ़ा करो और लिखो:

पौधा plant	**नौकर** servant	**खिलौना** toy	**चौकी** stool	**चौकीदार** watchman
पौधा	नौकर	खिलौना	चौकी	चौकीदार
नौका boat	**कौन** who	**पकौड़ा** pakora	**दौड़ा** ran	**मौसी** aunt
नौका	कौन	पकौड़ा	दौड़ा	मौसी
मौसम weather	**शौक** hobby	**चौराहा** intersection	**नौजवान** youngster	**सौदागर** merchant
मौसम	शौक	चौराहा	नौजवान	सौदागर

पढ़ो :

कौवा उड़ गया । The crow flew away.

गौतम और दौलत दौड़े। Gautam and Daulat ran.

चौकीदार लौट आया। The watchman came back.

मैने पकौड़ा खाया । I ate pakora.

आज मौसम ठंडा है । The weather is cold today.

अं

अं = ◌ं

अंगूर aṁgūr
Grape

प + ◌ं = पं
पंखा paṁkhā
Fan

त + ◌ं = तं
पतंग pataṁga
Kite

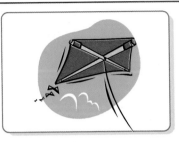

गे + ◌ं = गें
गेंद gēṁda
Ball

ल + ◌ं = लं
पलंग palaṁga
Bed

पढ़ो, फीके अक्षरों को गाढ़ा करो और लिखो:

कं खं गं घं ङं चं छं जं झं ञं टं ठं

कं खं गं घं ङं चं छं जं झं ञं टं ठं

डं ढं णं तं थं दं धं नं पं फं बं भं

मं यं रं लं वं शं षं सं हं क्षं त्रं ज्ञं

पढ़ो, फीके अक्षरों को गाढ़ा करो और लिखो:

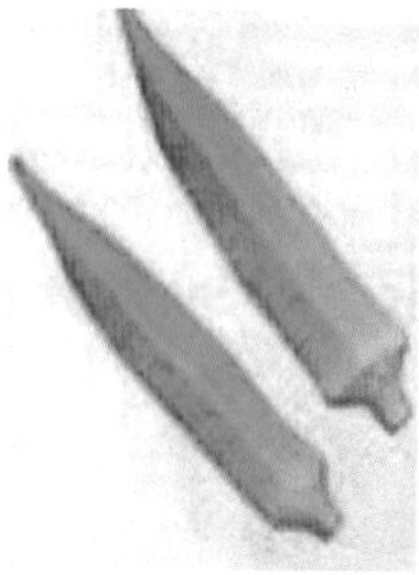	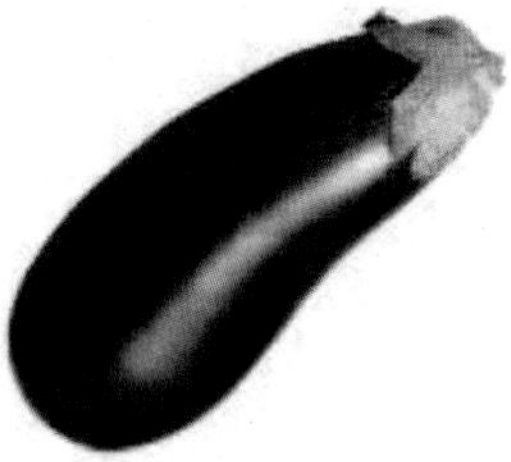	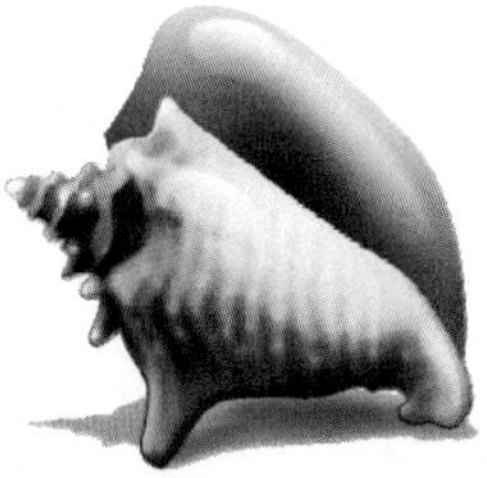		
भिंडी okra	**बैंगन** eggplant	**शंख** conch / shell	**बंदर** monkey	**झंडा** flag
भिंडी	बैंगन	शंख	बंदर	झंडा
रंग color	**गंगा** Ganges river	**लंगूर** baboon	**संग in** company	**तंग** tight/ annoy
रंग	गंगा	लंगूर	संग	तंग
पंख feather	**अंधा** blind	**डंक** sting	**दंगा** riot	**मांगना** to ask
पंख	अंधा	डंक	दंगा	मांगना

पढ़ो :

शंख बजाओ । Blow the conch.

जहाज में जंग लग गई । The ship got rusty.

मैं अपनी माताजी के संग था । I was with my mother.

मुझे तंग मत करो । Don't annoy me.

वह कलम मांग रहा है । He is asking for the pen.

अँ

अँ = ँ

आँख āmँkha

Eye

ऊ + ँ = ऊँ

ऊँट ūmँṭa

Camel

चा + ँ = चाँ

चाँद cāmँda

Moon

बा + ँ = बाँ

बाँसुरी bāmँsurī

Flute

सा + ँ = साँ

साँप sāmँpa

Snake

पढ़ो, फीके अक्षरों को गाढ़ा करो और लिखो:

कँ खँ गँ घँ ङँ चँ छँ जँ झँ ञँ टँ ठँ

कँ खँ गँ घँ ङँ चँ छँ जँ झँ ञँ टँ ठँ

डँ ढँ णँ तँ थँ दँ धँ नँ पँ फँ बँ भँ

मँ यँ रँ लँ वँ शँ षँ सँ हँ क्षँ त्रँ ज्ञँ

पढ़ो, फीके अक्षरों को गाढ़ा करो और लिखो:

ताँगा horse cart	**पाँच** five	**मुँह** mouth	**दाँत** teeth	**अँगूठी** ring
ताँगा	पाँच	मुँह	दाँत	अँगूठी
अँधेरा dark	**अँगीठी** clay-stove	**अँग्रेज़ी** English	**झँझट** worry	**भँवर** whirl-pool
अँधेरा	अँगीठी	अँग्रेज़ी	झँझट	भँवर
गाँव village	**अँगड़ाई** Stretch	**घुँघरू** musical anklet	**अँग्रेज** Englishman	**चाँदनी** moon-light
गाँव	अँगड़ाई	घुँघरू	अँग्रेज	चाँदनी

पढ़ो :

बाहर अँधेरा है । It is dark outside.

मदन, अपने दाँत ठीक से साफ करो । Madan, clean your teeth properly.

लता घुँघरू पहन कर नाची थी । Lata danced wearing the musical anklets.

अँगीठी पर खाना पकाओ । Cook food on clay-stove.

मेरे चाचा गाँव में रहते हैं । My uncle lives in village.

वाक्य बनाओ Make Sentences

नीचे लिखे वाक्यों की तरह दूसरे बनाओ और लिखो। Make & Write similar sentences.

1. माताजी ने बोला खाना खाओ ।

2. लोमड़ी ने बकरी को डरा दिया ।

3. अमन का खिलौना टूट गया ।

4. गाँव में बहुत पेड़ होते हैं ।

5. पतंग की डोर छोटी है ।

6. गाना मेरा शौक है ।

7. धोबी ने कपड़े धो दिये ।

8. कौवा पेड़ की डाली पर बैठा है ।

9. देखो, सौदागर फल बेच रहा है ।

10. देखो दरवाज़े के बाहर कौन है ।

वाक्य बनाओ Make Sentences

नीचे लिखे वाक्यों की तरह दूसरे बनाओ और लिखो। Make & Write similar sentences.

11. लंगूर और बंदर उछल रहे हैं ।

12. मेरी कमीज तंग है ।

13. मदन, कक्षा में अँगड़ाई मत लो ।

14. राधा ने सुन्दर अँगूठी पहनी है ।

15. मोर के पंख हरे और नीले रंग के हैं ।

16. लता, बोतल से पानी पी लो ।

17. बंदर टोपी ले गये ।

18. यह गुलाब का पौधा है ।

19. पाँच और पाँच दस होते हैं ।

20. साँप का डंक जहरीला होता है ।

अः

अ: = ः

अःहःहः ām
Ah-ha-ha

छ + अः = छः
छः chaḥ Six

६

प्रा + त + अः =
प्रातः prātaḥ
Morning

न + म + अः =
नमः namaḥ
Namaste

दु + अः + ख =
दुःख dukh
Sadness / Pain

पढ़ो, फीके अक्षरों को गाढ़ा करो और लिखो:

कः खः गः घः ङः चः छः जः झः ञः टः ठः

कः खः गः घः ङः चः छः जः झः ञः टः ठः

डः ढः णः तः थः दः धः नः पः फः बः भः

मः यः रः लः वः शः षः सः हः क्षः त्रः ज्ञः

ऋ

ऋ = ◌ृ

ऋ + ष + इ =

ऋषि ṛṣi

Saint/Sage

व् + ऋ + क्ष = वृक्ष

vṛkṣa Tree

म + ऋ + ग =

मृग mṛga

Deer

ग + ऋ + ह =

गृह gṛha

House

द + ऋ + ष्य =

दृष्य dṛṣya

Scene

पढ़ो, फीके अक्षरों को गाढ़ा करो और लिखो:

कृ खृ गृ घृ चृ छृ जृ टृ ठृ डृ णृ तृ

कृ खृ गृ घृ चृ छृ जृ टृ ठृ डृ णृ तृ

थृ दृ धृ नृ पृ फृ बृ भृ मृ यृ रृ लृ

सृ षृ हृ

पढ़ो, फीके अक्षरों को गाढ़ा करो और लिखो:

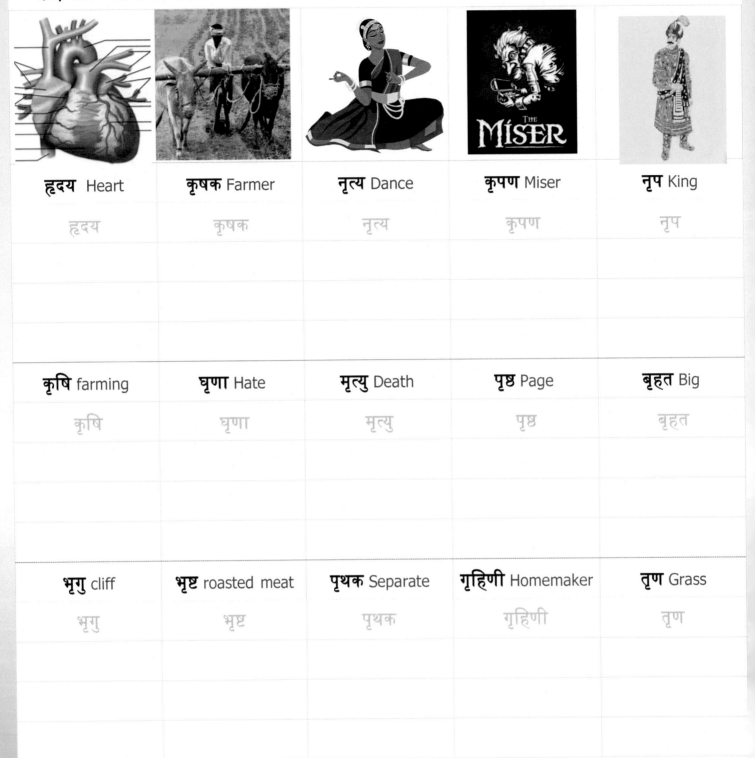

हृदय Heart	**कृषक** Farmer	**नृत्य** Dance	**कृपण** Miser	**नृप** King
हृदय	कृषक	नृत्य	कृपण	नृप

कृषि farming	**घृणा** Hate	**मृत्यु** Death	**पृष्ठ** Page	**बृहत** Big
कृषि	घृणा	मृत्यु	पृष्ठ	बृहत

भृगु cliff	**भृष्ट** roasted meat	**पृथक** Separate	**गृहिणी** Homemaker	**तृण** Grass
भृगु	भृष्ट	पृथक	गृहिणी	तृण

पढ़ो :

वृक्ष पर मत चढ़ । Do not climb the tree.

कृषक खेत में काम कर रहा है । The farmer is working in the fields.

मृग बहुत सुंदर है । The deer is very beautiful.

ऋषियों का हृदय बहुत कोमल होता है । The saints have soft heart.

वाक्य बनाओ Make Sentences

नीचे लिखे वाक्यों की तरह दूसरे बनाओ और लिखो। Make & Write similar sentences.

1. कृषक कृषि करता है ।

2. नर्तकी नृत्य कर रही है ।

3. घृणा करना अच्छी बात नहीं है ।

4. इस पुस्तक में ७० से ज्यादा पृष्ठ है ।

5. गङ्गा बृहत नदी है ।

6. गृहिणी घर में सब का ध्यान रखती है ।

7. गाय तृण खाती है ।

8. दया से हृदय पिघल गया ।

9. ऋषि ने जंगल में मृग देखा ।

10. कृपण धन खर्च नहीं करता है ।

आधे अक्षर-पाई वाले व्यंजन

हिन्दी व्यंजन अगर स्वर के बिना होते है तो उनमें बदलाव आता है, पाई वाले अक्षर
ख, ग, घ, च, ज, झ, ञ, ण, त, थ, ध, न, प, ब, भ, म, य, ल, व, श, ष, स
जब आधे होते है तब पाई हट जाती है या दूसरा व्यंजन उससे चिपक जाता है।

If Hindi consonant is not followed by a vowel it takes another form, the consonants with a vertical line loose their line or the other consonant clings to it.

पढ़ो और लिखो:

संख्या Digit	भाग्य Luck	विघ्न Disturbance	शत्रुघ्न Enemy De-stroyer	अच्छा good
सज्जन gentleman	प्याला cup	गन्ना sugarcane	नन्हा small	पञ्च **five**
चम्मच spoon	कुत्ता dog	अभ्यास exercise	ब्याज interest	म्यान sword cover
उल्लू owl	चूल्हा stove	व्यायाम physical ex-ercise	व्याकरण grammer	श्याम black
पश्चिम west	पश्चिम	कष्ट pain	पुस्तक book	दुष्यन्त Dushyant
ज्ञान knowledge	शय्या bed	त्र्यंबक Shiva	पुण्य Good deed	ध्वज Flag

आधे अक्षर-घुंडी वाले या गोलाकार व्यंजन

घुंडी वाले अक्षरों की घुंडी हटाकार जैसे क्या, फ्लाई; या उसके बाद वाला अक्षर चिपक जाता है। गोलाकार अक्षरों को हलन्त के साथ लिखते हैं या उसके बाद वाला अक्षर चिपक जाता है, जैसे **बुड्ढा** या बुड्ढा

The consonants with a hook or circular part loose their hook, the other consonant clings to it or with halant.

पढ़ो और लिखो:

मक्का corn	**मक्का**	**शक्ति** power	**लट्टू** spinning top	**लट्टू**
लड्डू Ladoo	**प्याला** cup	**विद्या** Education	**विद्या**	**विद्यालय** School
मुफ्त free	**गड्ढा** ditch	**गड्ढा**	**ब्रह्म** Brahm	**ब्रहम**
गद्दा mattress	**द्वार** door	**द्वार**	**गङ्गा** Ganga	**रङ्ग** Color

आधा अक्षर र - रेफ

रेफ - जब र के बाद दूसरा व्यंजन होता है तो र उपर चला जाता है

If there is another consonant after r it goes on top

पढ़ो, फीके अक्षरों को गाढ़ा करो और लिखो:

 **नर्स** Nurse	 **पार्क** Park	 **बर्फ** Ice	 **दर्पण** Mirror	 **मुर्गा** Chicken
नर्स	पार्क	बर्फ	दर्पण	मुर्गा
आर्य	हर्ष	पूर्व	तर्क	वर्ग
नर्मदा	वर्षा	पर्व	गर्व	कुर्सी

पढ़ो :

जीतने पर मुझे हर्ष हुआ । On winning I became happy.

भारी वर्षा से नर्मदा में बाढ़ आयी। Due to heavy rain Narmada flooded.

पार्क में बर्फ थी । There was ice in the park.

नर्स ने बीमार को दर्पण दिखाया । Nurse gave mirror to the sick.

दीवाली पर्व पर सब दीपक जलाते है । On Diwali festival everyone lights diya.

आधा अक्षर र - पदेन

पदेन - जब र के पहले व्यंजन होता है तो र पद में चला जाता है

If there is another consonant before r it goes in leg

पढ़ो, फीके अक्षरों को गाढ़ा करो और लिखो:

समुद्र Sea	**ट्रक** Truck	**ब्रश** Brush	**चन्द्र** Moon	**प्रकाश** Light
समुद्र	ट्रक	ब्रश	चन्द्र	प्रकाश
प्रणाम	**प्राचीन**	**प्रहर**	**प्रथम**	**सम्राट**
नम्र	**भ्रमण**	**ड्रम**	**ग्रह**	**वज्र**

पढ़ो :

प्रमोद ग्राम में रहता है। Pramod lives in a village.

ग्राम में चन्द्र साफ दिखाई देता है । In the village moon is clearly visible.

वह सूर्य के प्रकाश आने से पहले उठ जाता है। He gets up before sun's light comes out.

प्रथम वह समुद्र के पास भ्रमण करता है । First he goes walking near sea.

ड्रम के पानी से वह ब्रश करता है । He brushes his teath with water in drum.

रंगों के नाम लिखो और वाक्य बनाओ

Orange	————	————	Red	————	————
Blue	————	————	Yellow	————	————
Green	————	————	Purple	————	————
Brown	————	————	White	————	————
Pink	————	————	Black	————	————
Gray	————	————	Golden	————	————

उपर के शब्दों का प्रयोग कर वाक्य बनाएं: Make sentences using word above

मेरी पतलून काली है

_____

_____

_____

_____

_____

सब्जियों के नाम लिखो और वाक्य बनाओ

Long Gourd ———	Potato ———	Onion ———
Bitter Gourd ———	Tomato ———	Okra ———
Pumpkin ———	Eggplant ———	Carrot ———
Garlic ———	Cauliflower———	Cabbage ———
Ginger ———	Hot-Pepper ———	Bell Pepper (Capsicum) ———
Spinach ———	Radish ———	Cucumber ———

उपर के शब्दों का प्रयोग कर वाक्य बनाएं: Make sentences using word above

मुझे पालक पसन्द है   माँ ने मेरे लिए भिन्डी की शब्जी बनाई

फलों के नाम लिखो और वाक्य बनाओ

Mango _____ _____	Guava _____ _____
Grapes _____ _____	Peach _____ _____
Pomegranate _____ _____	Pear _____ _____
Banana _____ _____	Orange _____ _____
Apple _____ _____	Pineapple _____ _____
Coconut _____ _____	Watermelon _____ _____

उपर के शब्दों का प्रयोग कर वाक्य बनाएं: Make sentences using word above

मुझे सेब पसन्द है   अमरूद हरा या पीला होता है

_____

_____

_____

_____

_____

जानवरों के नाम लिखो और वाक्य बनाओ

Rat	————— —————	Rabbit	————— —————
Fish	————— —————	Cat	————— —————
Dog	————— —————	Horse	————— —————
Cow	————— —————	Goat	————— —————
Lion	————— —————	Tiger	————— —————
Elephant	————— —————	Bear	————— —————

उपर के शब्दों का प्रयोग कर वाक्य बनाएं: Make sentences using word above

चूहा छोटा होता है   **मुझे भालू से डर नहीं लगता है**

जानवरों के नाम

गाय

बैल

भैंस

कुत्ता

बिल्ली

ऊँट

सूअर

घोड़ा

मुर्गा

मुर्गी

बत्तख

बकरी

भेड़

खरगोश

गधा

मधुमक्खी

उपर के शब्दों का प्रयोग कर वाक्य बनाएं: Make sentences using word above

मैंने घोड़ा देखा है

खरगोश बैठा है

पक्षियों के नाम लिखो और वाक्य बनाओ

Chicken ———— ————	Duck ———— ————
Parrot ———— ————	Crow ———— ————
Peacock ———— ————	Pigeon ———— ————
Heron ———— ————	Owl ———— ————
Eagle ———— ————	Vulture ———— ————
Sparrow ———— ————	Canary ———— ————

उपर के शब्दों का प्रयोग कर वाक्य बनाएं: Make sentences using word above

मैने तोता देखा है   **कौवा काला होता है**

शरीर के अंग

Head	______	______	Hair	______	______
Forehead	______	______	Eye	______	______
Nose	______	______	Cheek	______	______
Tooth	______	______	Lips	______	______
Fingers	______	______	Neck	______	______
Hand	______	______	Stomach	______	______

उपर के शब्दों का प्रयोग कर वाक्य बनाएं: Make sentences using word above

मेरा सिर गरम है **होँठ दो होते है**

Hello	नमस्ते
What's your name ?	आपका नाम क्या है ?
My name is ______________.	मेरा नाम __________ है।
And what is your name ?	और आपका नाम क्या है ?
How are you ? (to a male)	आप कैसे हैं ?
How are you ? (to a female)	आप कैसी हैं ?
I am good, thank you. (male and female)	मैं ठीक हूँ, धन्यवाद।
I am good. (male)	मैं अच्छा हूँ।
I am good. (female)	मैं अच्छी हूँ।
I am tired. (male)	मैं थक गया हूँ।
I am tired (female)	मैं थक गई हूँ।
I am hungry (male)	मैं भूखा हूँ।
I am hungry (female)	मैं भूखी हूँ।
I am ill. (male and female)	मैं बीमार हूँ।
How old are you ?	आपकी उम्र क्या है ?
I am ______ years old. (male)	मैं __________ साल का हूँ।
I am ______ years old. (female)	मैं __________ साल की हूँ।
We'll meet again.	हम फिर मिलेंगे।

क्या	What ?	आपका नाम क्या है ?	What is your name ?
		क्या यह घर है ?	Is this a house ?
कहाँ	Where ?	आप कहाँ जा रहे हैं ?	Where are you going ?
क्यों	Why ?	आप हिंदी क्यों सीखते हैं ?	Why do you learn Hindi ?
कौन	Who ?	वह कौन है ?	Who is that ?
कितना	How much	दाम कितना है	How much is the price.

ऊपर दिए गए शब्दों से वाक्य बनाओ: Make sentences with the words above:

खरीददारी Shopping

Shopkeeper:	Hi, how are you ?	नमस्ते आप कैसे हैं?
Customer:	I am good.	मैं ठीक हूँ ।
Shopkeeper:	Good !	अच्छा अच्छा ।
Customer:	Do you have apples ?	क्या आपके पास सेब हैं ?
Shopkeeper:	Yes, the apples are very good and inexpensive.	जी हाँ, सेब बहुत अच्छे और सस्ते हैं ।
Customer:	What is the cost of the apples ?	सेब का दाम कितना है?
Shopkeeper:	The cost of the apples is $3 per pound.	सेब का दाम तीन डालर पाऊंड है ।
Customer:	I need 2 pounds of apples.	मुझे दो पाऊंड सेब चाहिए ।
	How much is this ?	यह कितने का है?
Shopkeeper:	The mangoes are $5 per pound.	आम पाँच डालर पाऊंड है ।
Customer:	Ok, it is not expensive. One pound, please.	अच्छा, महँगा नहीं है. एक पाऊंड कृपया ।
Shopkeeper:	Ok, Ok, $11 please.	अच्छा अच्छा, ग्यारह डालर कृपया ।
Customer:	Here, take it for $11. Thank you.	यह लीजिये, ग्यारह डालर । धन्यवाद ।
Shopkeeper:	Thank you.	धन्यवाद ।

क्रिया के रूप kriyā kē rūpa Action/Verb forms

क्रिया के कई रूप होते है। मुख्य रूप काल और लिंग पर निर्भर करता है। इसके अलावा यह सन्दर्भ जैसे आदेश या निवेदन होने पर निर्भर करता है।

Verbs in Hindi have many forms. Main forms depend on tense and gender. Apart from this it also depends on context like request or order.

वर्तमानकाल	भूतकाल	वर्तमान निरन्तर	भूतकाल निरन्तर	भविष्यकाल
मैं लिखता हूँ	मैने लिखा था	मैं लिख रहा/ही हूँ	मैं लिख रहा था	मैं लिखूँगा
मैं लिखती हूँ		मैं लिख रही हूँ	मैं लिख रही थी	मैं लिखूँगी
हम लिखते हैं	हमने लिखा था	हम लिख रहे हैं	हम लिख रहे थे	हम लिखेंगे
वह लिखता है	उसने लिखा था	वह लिख रहा है	वह लिख रहा था	वह लिखेगा
		वह लिख रही है	वह लिख रही थी	वह लिखेगी
वे लिखते हैं	उन्होंने लिखा था	वे लिख रहे हैं	वे लिख रहे थे	वे लिखेंगे
वे लिखती हैं		वे लिख रही हैं	वे लिख रही थी	वे लिखेंगी
तुम लिखो	तुमने लिखा था	तुम लिख रहे हो	तुम लिख रहे थे	तुम लिखोगे
		तुम लिख रही हो	तुम लिख रही थी	तुम लिखोगी
आप लिखिए	आपने लिखा था	आप लिख रहे हैं	आप लिख रहे थे	आप लिखेंगे/लिखोगे
		आप लिख रही हैं	आप लिख रही थीं	आप लिखेंगी
लोग लिखते हैं	लोगों ने लिखा था	लोग लिख रहे हैं	लोग लिख रहे थे	लोग लिखेंगे

उपर रिक्त स्थानों को निम्न क्रियाओं से भरें **पढ़ना, हँसना, खाना, खेलना, उठना, बैठना, गाना, जाना, आना, तैरना, डूबना, मारना, लड़ना** इत्यादि।

दिन

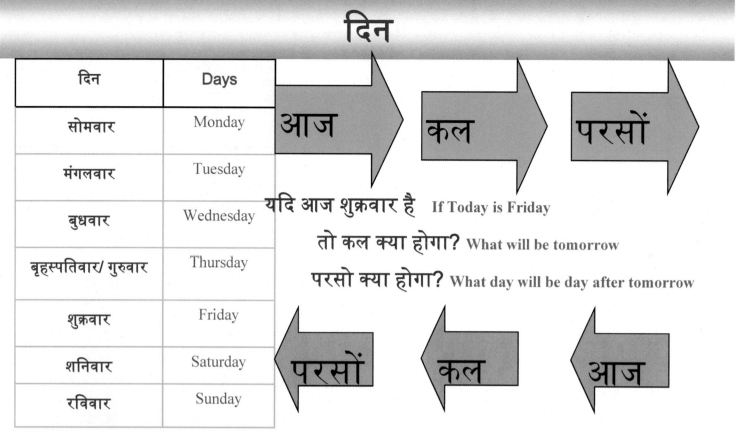

दिन	Days
सोमवार	Monday
मंगलवार	Tuesday
बुधवार	Wednesday
बृहस्पतिवार/ गुरुवार	Thursday
शुक्रवार	Friday
शनिवार	Saturday
रविवार	Sunday

आज → कल → परसों →

यदि आज शुक्रवार है   If Today is Friday

तो कल क्या होगा? What will be tomorrow

परसो क्या होगा? What day will be day after tomorrow

← परसों ← कल ← आज

Rohan visited India in summer vacation, on Thursday 15th August he met his friend Vijay and explained his trip so far and plan. Look at dates and complete the plan

जयपुर १३ अगस्त , मथुरा १४ , देहली १५, आगरा १६ , बनारस १७,

रोहन "आज स्वतन्त्रा दिवस बहुत अच्छा लगा।" विजय "और कहाँ-कहाँ गये थे"। परसो हम जयपुर गये थे।

·········· मथुरा गये थे । ········· आगरा जायेंगे। ·········· बनारस जायेंगे।

दिनचर्या के बारे में लिखें, write routine for day

सोमवार को मैं बाजार गया था।   कल पुस्तकालय जाऊँगा।

विशेषण

अच्छा Good	बुरा Bad	छोटा Small	बड़ा Big
बहुत A Lot	कम A Little	मीठा Sweet	खट्टा Sour
खाली Empty	भरा Full	सुख़ Happiness	दुख Sorrow
खुला Open	बंद Closed	महंगा Expensive	सस्ता Inexpensive
इधर Here	उधर There	हाँ Yes	नहीं No
अंदर Inside	बाहर Outside	कम Less	ज्यादा More

उपर के शब्दों का प्रयोग कर वाक्य बनाएं: Make sentences using word above

गिलास में पानी कम था मैने भरा तो ज्यादा हो गया

क्रियाएं लिखो और वाक्य बनाओ

Read		Write	
Bend		Walk	
Run		Jump	
Laugh		Sleep	
Eat		Wash	
Play		Step down	
Wake up		Touch	
Bath		Stop	
Climb		Cry	

उपर के शब्दों का प्रयोग कर वाक्य बनाएं: Make sentences using word above

मैं नहा रही थी   **मैं कूद रहा था**   **मैं पढ़ना चाहता हूँ**

हर दिन की वस्तुओं के नाम लिखो और वाक्य बनाओ

Book ———	Bag ———	Pen ———
Chair ———	Table ———	Scissors ———
Comb ———	Doll ———	Window ———
Mirror ———	Bed ———	Door ———
Pillow ———	Cupboard ———	Shoe ———
Glasses ———	House ———	Garden ———

उपर के शब्दों का प्रयोग कर वाक्य बनाएं: Make sentences using word above

घर सफेद है   मैं बिस्तर पर कूद रहा था   दरवाजा खुला था

टोपीवाला और बंदर

एक बार एक फेरी वाला टोपी बेच रहा था। टोपी बेचते बेचते फेरी वाला थक गया। इसलिये विश्राम करने के लिये एक पेड़ के नीचे बैठ गया।

उस पेड़ पर काफ़ी बंदर रेहते थे। जब फेरी वाला सो गया तो बंदरों ने उसकी सारी टोपियाँ निकाल कर पहन लीं और पेड़ पर चढ़ गये। जब फेरी वाले की नींद टूटी तो यह देखकर वह दुखी हुआ।

पर फेरी वाला चालाक था। उसे पता था कि बंदर नकलची होते हैं। इसलिये उसने अपने सिर पर पहनी टोपी उतार कर फेंक दी। यह देख कर सारे बंदरों ने भी ऐसा ही किया। फेरी वाले ने सारी टोपियाँ इक्कठी कीं और अपने रास्ते चल दिया। बंदर बेचारे उसे देखते रह गये।

सयाने गीदड़ की बोलती गुफा

एक भूखा शेर शिकार की खोज में जंगल में घूम रहा था।घूमते-घूमते वह थक गया। उसकी भूख भी बढ़ गई। अचानक उसे एक गुफा नज़र आई। शेर ने सोचा कि इस गुफा में जरुर कोई जानवर रहता होगा। उसने सोचा कि मैं किसी झाड़ी में छुप जाता हूँ। जैसे ही वह जानवर निकलेगा, मैं धर दबोचूँगा।

उसने बहुत देर तक इंतज़ार किया मगर कोई बाहर नहीं आया।तब शेर ने सोचा, हो न हो वह कहीं बाहर गया है। मैं गुफा के अन्दर जाकर उसकी राह देखता हूँ। जैसे ही वह अंदर घुसेगा मैं उसे हड़प कर जाऊंगा।ऐसा सोचकर शेर गुफा के अन्दर एक कोने में जाकर छुप गया।

उस गुफा में एक गीदड़ रहता था। थोड़ी देर में वह वापस आया। गुफा के पास उसे किसी के पैरों के निशान मिले। उसने सोचा कि ये निशान जरुर किसी बड़े और खतरनाक जानवर के लगते हैं। गुफा में जाना ठीक नहीं है। देखता हूँ क्या मामला है। गीदड़ बड़ा सयाना था। उसने ऊँची आवाज़ में पुकारा, "गुफा ! ओ गुफा !" लेकिन जवाब कौन देता? सब चुप। गीदड़ ने फिर आवाज़ लगाई, "अरे मेरी गुफा, तू जवाब क्यों नहीं देती? क्या मर गई है? आज तुझे क्या हो गया? मेरे लौटने पर तो तू हमेशा मेरा स्वागत करती है। आज क्या हो गया? अगर तूने जवाब न दिया तो मैं दूसरी गुफा में चला जाऊँगा।"

शेर ने गीदड़ की सारी बातें सुनी। उसने सोचा, 'यह गुफा तो गीदड़ का स्वागत करती है। मैं यहां पर हूँ इसलिए शायद डर गयी है। गीदड़ को नहीं बुलाया तो वह चला जाएगा।'

इसलिए शेर अपनी भारी आवाज़ में बोल उठा, "आओ, आओ मेरे दोस्त, तुम्हारा स्वागत है।"

शेर की आवाज़ सुनते ही चालाक गीदड़ वहां से नौं-दो-ग्यारह हो गया।

गिनती Numbers

0	०	śūnya	शून्य
1	१	ēka	एक
2	२	dō	दो
3	३	tīn	तीन
4	४	chār	चार
5	५	pām̐ch	पाँच
6	६	chhah	छः
7	७	sāt	सात
8	८	āṭh	आठ
9	९	nau	नौ
10	१०	das	दस
11	११	gyāraha	ग्यारह
12	१२	bārah	बारह
13	१३	tērah	तेरह
14	१४	chaudah	चौदह
15	१५	paṁdrah	पन्द्रह
16	१६	sōlah	सोलह
17	१७	satrah	सत्रह
18	१८	aṭhārah	अठारह
19	१९	unnīs	उन्नीस
20	२०	bīs	बीस
21	२१	ikkīs	इक्कीस
22	२२	bāīs	बाईस
23	२३	tēīs	तेईस
24	२४	chaubīs	चौबीस
25	२५	pachchīs	पच्चीस
26	२६	chabbīs	छब्बीस
27	२७	sattāīs	सत्ताईस
28	२८	aṭṭhāīs	अठ्ठाईस
29	२९	unatīs	उनतीस
30	३०	tīs	तीस
31	३१	iktīs	इकतीस
32	३२	battīs	बत्तीस
33	३३	taiṁtīs	तैंतीस
34	३४	chauṁtīs	चौंतीस
35	३५	paiṁtīs	पैंतीस
36	३६	chhattīsa	छत्तीस
37	३७	saiṁtīs	सैंतीस

गिनती Numbers (contd.)

38	३८	aṛatīs	अड़तीस	56	५६	chappana	छप्पन
39	३९	untālīs	उनतालीस	57	५७	sattāvana	सत्तावन
40	४०	chālīs	चालीस	58	५८	aṭṭhāvana	अट्ठावन
41	४१	iktālīs	इकतालीस	59	५९	unsaṭha	उनसठ
42	४२	bayālīs	बयालीस	60	६०	sāṭha	साठ
43	४३	taiṁtālīs	तैंतालीस	61	६१	iksaṭha	इक्सठ
44	४४	chavālīs	चवालीस	62	६२	bāsaṭha	बासठ
45	४५	paiṁtālīs	पैंतालीस	63	६३	trēsaṭha	त्रेसठ
46	४६	chiyālīs	छियालीस	64	६४	cauṁsaṭha	चौंसठ
47	४७	saiṁtālīs	सैंतालीस	65	६५	paiṁsaṭha	पैंसठ
48	४८	aṛatālīs	अड़तालीस	66	६६	ciyāsaṭha	चियासठ
49	४९	unacās	उनचास	67	६७	saṛasaṭha	सड़सठ
50	५०	pachās	पचास	68	६८	aṛasaṭha	अड़सठ
51	५१	Ikyāvan	इक्यावन	69	६९	unahattara	उनहत्तर
52	५२	bāvana	बावन	70	७०	sattara	सत्तर
53	५३	tirapana	तिरपन	71	७१	ikhattara	इखत्तर
54	५४	cauvana	चौवन	72	७२	bahattara	बहत्तर
55	५५	pacapana	पचपन	73	७३	tihattara	तिहत्तर

गिनती Numbers (contd.)

74	७४	cauhattara	चौहत्तर	88	८८	aṭhāsī	अठासी
75	७५	pichattara	पिछत्तर	89	८९	navāsī	नवासी
76	७६	chihattara	छिहत्तर	90	९०	nabbē	नब्बे
77	७७	satahattara	सतहत्तर	91	९१	ikyānavē	इक्यानवे
78	७८	aṭhahattara	अठहत्तर	92	९२	bayānavē	बयानवे
79	७९	unyāsī	उन्यासी	93	९३	tirānavē	तिरानवे
80	८०	assī	अस्सी	94	९४	caurānavē	चौरानवे
81	८१	ikyāsī	इक्यासी	95	९५	picānavē	पिचानवे
82	८२	bayāsī	बयासी	96	९६	chiyānavē	छियानवे
83	८३	tirāsī	तिरासी	97	९७	sattānavē	सत्तानवे
84	८४	caurāsī	चौरासी	98	९८	aṭṭhānavē	अट्ठानवे
85	८५	picāsī	पिचासी	99	९९	ninyānavē	निन्यानवे
86	८६	chiyāsī	छियासी	100	१००	sau	सौ
87	८७	satāsī	सतासी	101	१०१	ēka sau ēka	एक सौ एक

150	१५०	ḍēṛa sau	डेड़ सौ
250	२५०	ḍhāī sau	ढाई सौ
1000	१०००	hazāra	हज़ार
10,000	१०,०००	dasa hazāra	दस हज़ार
100,000	१००,०००	ēka lākha	एक लाख

समय बताना Telling Time

Commonly used words associated with time : समय से जुड़े कुछ शब्द :

बजे	bajē	o'clock	दिन	dina	day
घँटा	ghaṁ̐ṭā	hour	रात	rāta	night
मिनट	minaṭa	minute	सुबह	subaha	morning
घड़ी	ghaṛī	watch	दोपहर	dōpahara	afternoon
साढे	sāḍhē	half past	शाम	śāma	evening
पौने	paunē	quarter until	सवा	savā	quarter past

Commonly used phrases associated with time : समय से जुड़े कुछ वाक्य :

1	It's nine o'clock.	नौ बजे हैं।
2	It's 5:15.	सवा पाँच बजे हैं।
3	It 's already nine o 'clock.	नौ बज गए।
4	What is the time ?	क्या समय हो गया ?
		क्या बजा है ?
		क्या बज गया ?
		कितने बजे हैं ?
		कितने बज गए ?

समय बताना Telling Time

Common examples for telling time : समय बताने के उदाहरण :

1	3:30	half past three	साढे तीन बजे
2	6:45	quarter until seven	पौने सात बजे
3	9:15	quarter past nine	सवा नौ बजे
4	4:20	twenty minutes past four	चार बजकर बीस मिनट
5	8:07	seven minutes past eight	आठ बजकर सात मिनट
6	5:55	five minutes until six	छह बजने में पाँच मिनट हैं
7	4:40	twenty minutes until five	पाँच बजने में बीस मिनट बाकी हैं
8	5:15	Quarter past five	सवा पाँच बजे
9	12:30 a.m.	Half past twelve at night	रात के साढ़े बारह बजे
10	12 noon	Twelve noon / twelve in the after-noon	दोपहर के बारह बजे
11	9:30 p.m.	Half past 9 at night	रात के साढे नौ
12	12:45 p.m.	Quarter to one in the night	रात के पौने एक
13	4:15 p.m.	Quarter past four in the evening	शाम के सवा चार

However, if you want to say 1:30 or 2:30...

1:30 = डेढ बजे हैं (ḍēḍha bajē haiṁ)

2:30 = ढाई बजे हैं (ḍhāī bajē haiṁ)

A funny way to remember which comes first (derdh or dhai) is the quote, "first you dare (sounds similar to derdh) and then you die (like dhai)."

Note : YouTube link — search for Clock Reading - Learn to Tell Time (Hindi)

समय बताओ

घड़ियों के नीचे समय लिखो :

Tell the time

Write the time under the clocks :

_____

_____

_____

_____

_____

_____

_____

_____

_____

_____

_____

_____

नीचे लिखे शब्दों में से उचित शब्द चुनकर खाली स्थानों में लिखो :

Use the words below to fill in the blanks:

(घड़ा, कौआ, पानी, कंकड़, तरकीब, ऊपर, पीकर, बहुत)

१. एक —————————— था ।

२. वह —————————— की खोज में इधर-उधर भटक रहा था ।

३. तभी उसे एक —————————— दिखाई दिया ।

४. घड़े में —————————— कम पानी था ।

५. अचानक उसे एक —————————— सूझी ।

६. वह अपनी चोंच से —————————— उठाकर घड़े में डालने लगा ।

७. पानी —————————— आ गया ।

८. कौआ पानी —————————— उड़ गया ।

72

तेनालीराम, 'बच्चे हैं देश का भविष्य'

दीवाली निकट आ रही थी। राजा कृष्णदेव राय ने राज दरबार में कहा-"क्यों न इस बार दीवाली कुछ अलग ढंग से मनाई जाए? ऐसा आयोजन किया जाए कि उसमें बच्चे-बड़े सभी मिलकर भाग लें।" "विचार तो बहुत उत्तम है महाराज।" मंत्री ने प्रसन्न होकर कहा। सबने अपने-अपने सुझाव दिए।

पुरोहित जी ने एक विशाल यज्ञ के आयोजन का सुझाव दिया तो मंत्री जी ने दूर देश से जादूगरों को बुलाने की बात कही। और भी दरबारियों ने अपने सुझाव दिए। लेकिन कृष्णदेव राय को किसी का सुझाव नहीं जंचा, उन्होंने सुझाव हेतु तेनालीराम की ओर देखा। तेनाली राम मुस्कराया। फिर बोला-"क्षमा करें महाराज, दीपावली तो दीपों का पर्व है। यदि अलग ढंग का ही आयोजन चाहते हैं तो ऐसा करें-रात में तो हर वर्ष दीये जलाए ही जाते हैं। इस बार दिन में भी जलाएं।"

यह सुनकर सारे दरबारी ठठाकर हंस पड़े। मंत्री फब्ती कसते हुए बोला-"शायद बुढ़ापे की वजह से तेनाली राम को कम दिखाई देने लगा है, इसलिए इन्हें दिन में भी दीये चाहिए।" राजा कृष्णदेव राय भी तेनाली राम के इस सुझाव पर खीझे हुए थे, बोले-"तेनाली राम, हमारी समझ में तुम्हारी बात नहीं आई।" "महाराज मैं मिट्टी के दीये नहीं जीते-जागते दीपों की बात कर रहा हूं। और वे हैं हमारे नन्हें-मुन्ने बच्चे! जिनकी हंसी दीपों की लौ से भी ज्यादा उज्जवल है।" तेनाली राम ने कहा।

"तुम्हारी बात तो बहुत अच्छी है! लेकिन कार्यक्रम क्या हो?" राजा ने पूछा। "महाराज, इस बार दीवाली पर बच्चों के लिए एक मेले का आयोजन हो। बच्चे दिन भर उछलें-कूदें, हंसें-खिलखिलाएं, प्रतियोगिताओं में भाग लें। इस मेले का इंतजाम करने वाली भी बच्चे ही हों। बड़े भी उस मेले में जाएं लेकिन बच्चों के रूप में। वे कहीं भी किसी भी बात में दखल न दें। जो बच्चा सर्वप्रथम आएगा, उसे राज्य का सबसे बड़ा बच्चा पुरस्कार दें...!"

तेनाली राम ने अपनी बात पूरी की। "लेकिन राज्य का सबसे बड़ा बच्चा कौन है?" राजा ने पूछा। "वह तो आप ही हैं महाराज। आपसे बढ़कर बच्चों जैसा, निर्मल स्वभाव और किसा होगा?" तेनाली राम मुस्कराया।

यह सुनकर राजा कृष्णदेव राय की हंसी छूट गई। दरबारी भी मंद-मंद मुस्कराने लगे। दीवाली का दिन आया। बच्चों के मेले की बड़ी धूम रही।

राजा कृष्णदेव राय बहुत खुश थे, बोले-"कमाल कर दिया बच्चों ने। सचमुच, इन नन्हें-मुन्ने दीपों का प्रकाश तो अदभुत है, अनोखा है, सबसे प्यारा है।"

पहचानो स्वदेशी का मोल

एक अंग्रेज व्यापारी महाराज रणजीत सिंह दरबार में आया और महाराज को अपने साथ में लाया हुआ बहुत सा कांच का बेशकीमती सामान दिखाया। उसे पूरी उम्मीद की महाराज काफी सारा सामन उससे खरीदेंगे।

महाराज ने उन सभी चीजों में से सबसे कीमती फूलदान उठाया और उसे दरबार के बीच में फेंक दिया। कांच का होने से फूलदान चकनाचूर हो गया।

महाराज ने वे सभी टुकड़े मंगवाकर गंभीर स्वर में उस व्यापारी से पूछा अब इस टूटे हुए फूलदान की क्या कीमत है। व्यापारी ने जबाब दिया- अब इसका मूल्य कुछ भी न रहा।

इसके बाद महाराज ने अपने एक सेवक को पीतल की एक दवात देकर आज्ञा दी- इसे हथौड़े से तोड़ों और फिर बाजार जाकर इसे बेच आओ। सेवक ने ऐसा ही किया। थोड़ी देर में सेवक ने दो पैसे लाकर महाराज को दे दिए।

महाराज उस व्यापारी से बोले 'मेरा देश गरीबों का देश है, हमें ऐसी परदेशी वस्तुओं की आवश्यकता नहीं। हम तो उन देशी वस्तुओं का उपयोग करते हैं जिनका वास्तविक मूल्य कम हो लेकिन टूटने के बाद भी कुछ न कुछ मूल्य जरूर हो।

महाराज ने विदेशी व्यापारी को फूलदान के कुछ पैसे दिए और साथ ही कुछ नसीहत भी दी कि वो ये न समझे कि महाराज विदेशी कीमती चीजें नहीं खरीद सकते लेकिन मेरे लिए देश में बनी स्वदेशी चीजें ज्यादा मायने रखती हैं।

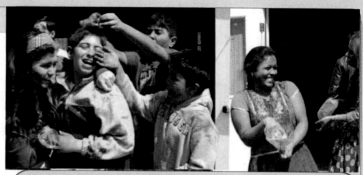

रेल का खेल

आओ भैया खेलें खेल ।

चलो बनाएँ, अपनी रेल ।

एक बच्चा इंजन बन जाए,

कुछ बच्चे डिब्बे बन जाएँ,

छुक छुक करती चलती रेल ।

आओ बैठो, सैर करो,

मुफ्त टिकट, मत देर करो,

कितना अच्छा है यह खेल ।

दिल्ली, मुंबई या कोलकत्ता,

या फिर नैनीताल ।

सूरत हो या जयपुर हो,

या फिर हो भोपाल ।

सबसे करवाती यह मेल ।

चलो बनाएँ, अपनी रेल ।

आई होली! आई होली!!

रूपचन्द्र शास्त्री 'मयंक'

आई होली, आई होली।
रंग-बिरंगी आई होली।

मुन्नी आओ, चुन्नी आओ,
रंग भरी पिचकारी लाओ,
मिल-जुल कर खेलेंगे होली।
रंग-बिरंगी आई होली।।

मठरी खाओ, गुँझिया खाओ,
पीला-लाल गुलाल उड़ाओ,
मस्ती लेकर आई होली।
रंग-बिरंगी आई होली।।

रंगों की बौछार कहीं है,
ठण्डे जल की धार कहीं है,
भीग रही टोली की टोली।
रंग-बिरंगी आई होली।।

परसों विद्यालय जाना है,
होम-वर्क भी जँचवाना है,
मेहनत से पढ़ना हमजोली।
रंग-बिरंगी आई होली।।

भगवान के डाकिए

रामधारी सिंह "दिनकर"

पक्षी और बादल,
ये भगवान के डाकिए हैं
जो एक महादेश से
दूसरें महादेश को जाते हैं।

हम तो समझ नहीं पाते हैं
मगर उनकी लाई चिट्ठियाँ
पेड़, पौधे, पानी और पहाड़
बाँचते हैं।

हम तो केवल यह आँकते हैं
कि एक देश की धरती
दूसरे देश को सुगंध भेजती है।

और वह सौरभ हवा में तैरते हुए
पक्षियों की पाँखों पर तिरता है।

और एक देश का भाप
दूसरे देश में पानी
बनकर गिरता है।

चलो सुनाओ नयी कहानी

दिविक रमेश

अगर सुनानी तो नानू बस
झट सुना दो एक कहानी
देर करोगे तो सच कहती
अभी बुलाती हूँ मैं नानी

बोली डोलू बहुत 'बिजी' हूँ
तुम तो नानू बिल्कुल खाली
कितने काम पड़े हैं मुझको
नहीं मैं ज्यादा रुकने वाली

टीवी अभी देखना मुझको
होम वर्क अभी करना है
कम्प्यूटर पर अभी खेलना
फोन सहेली से करना है

नानू इसीलिए कहती हूँ
झट कहानी मुझे सुनाओ
चली गई तो पछताओगे
मत इतना नानू इतराओ

नहीं आऊँगी नानू फिर मैं
चॉकलेट भी अगर दिखाओ
शुरू करो अब शुरू करो न
चलो कहानी अभी सुनाओ।

सोचूँगी नानू हैं बुद्धू
अगर सुनाई नहीं कहानी
पुस्तक से ही पढ़ लूँगी मैं
एक नई से नई कहानी।

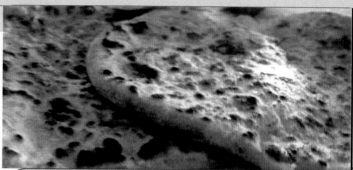

कम्प्युटर - संजय अलंग

बनाई एक मशीन
बड़ा गजब है, यह सीन
की-बोर्ड से आदेश बनवाया
माउस से आदेश दिलवाया

शेर को करता माउस कंट्रोल
अजब-गजब है उसका रोल
सी.पी.यु. ने दिमाग चलाया
स्क्रीन पर उत्तर ले आया

देख चकित हैं बड़े सयान
जो नहीं होते हैं नादान
काश उन्हे नादानी आती
पूरी दुनिया भोली बन जाती
आग से मिठाई बनाते
नहीं घर किसी का जलाते
ग़र कम्प्युटर से इसका उत्तर मंगवाते

हल जो इसका मिल जाता
गणपति को भी यह खूब भाता
फिर माउस ले धरती घूम आते
नहीं अबकी चतुराई दिखलाते

अब लगती धरती सुन्दर
अमन चैन लाता जो कम्प्युटर
लाओगे तुम ही इसको
डर कर कहीं न खिसकों

आज हमारी छुट्टी है

श्याम सुन्दर अग्रवाल

रविवार का प्यारा दिन है,
आज हमारी छुट्टी है।

उठ जायेंगे क्या जल्दी है,
नींद तो पूरी करने दो।
बड़ी थकावट हफ्ते भर की,
आराम ज़रूरी करने दो।

नहीं घड़ी की ओर देखना,
न करनी कोई भागम- भाग।
मनपसंद वस्त्र पहनेंगे,
आज नहीं वर्दी का राग।

खायेंगे आज गर्म पराँठे,
और खेलेंगे मित्रों संग।
टीचर जी का डर न हो तो,
उठती मन में खूब उमंग।

होम-वर्क को नमस्कार,
और बस्ते के संग कुट्टी है।
मम्मी कोई काम न कहना,
आज हमारी छुट्टी है ।

आओ पेड़ लगाएं
नागेश पांडेय 'संजय'

सारे जग के शुभचिन्तक, ये पेड़ बहुत उपकारी।
सदा-सदा से वसुधा इनकी ऋणी और आभारी।
परहित जीने-मरने का आदर्श हमें सिखलाएँ।

फल देते, ईंधन देते हैं, देते औषधि न्यारी।
छाया देते, औ' देते हैं सरस हवा सुखकारी।
आक्सीजन का मधुर खजाना भर-भर हमें लुटाएँ।

गरमी, वर्षा, शीत कड़ी ये अविकल सहते जाते,
लू, आँधी, तूफान भयंकर देख नहीं घबड़ाते।
सहनशीलता, साहस की ये पूज्यनीय प्रतिमाएँ।

पेड़ प्रकृति का गहना हैं, ये हैं श्रृंगार धरा का।
इन्हें काट, क्यूँ डाल रहे अपने ही घर में डाका।
गलत राह को अभी त्याग कर सही राह पर आएँ।

दादा-दादी चुप क्यों रहते
नागेश पांडेय 'संजय'

दादा-दादी चुप क्यों रहते ?
कारण मैंने जान लिया है।

पापा जी दफ्तर जाते हैं
और लौटते शाम को।
थक जाते हैं इतना
झट से पड़ जाते आराम को।

मम्मी को विद्यालय से ही
समय कहाँ मिल पाता है ?
बहुत पढ़ाना पड़ता उनको,
सर उनका चकराता है।

हम बच्चे पढ़-लिख कर आते,
होमवर्क में डट जाते।
फिर अपने साथी बच्चों संग
खेला करते, सुख पाते।

और समय हो, तो कविता की,
चित्रकथा की पुस्तक पढ़ते।
मौज-मजे में, खेल-तमाशे में
ही तो उलझे हैं रहते।

दादा-दादी का कब हमको,
ख्याल जरा भी है आता ?
हम सबने तो जमकर उनकी
ममता का अपमान किया है।

लेकिन जो भी हुआ, सो हुआ
अब ऐसा न हो सोचें।
उनके मन के सूने उपवन
में हम खुशियों को बो दें।

दादा-दादी से हम जी भर,
बतियाएँ, हँस लें, खेलें।
दादा-दादी रहें न चुप-चुप
नहीं अकेलापन झेलें।

मैंने यह सब जब गाया तो
मेरे सारे साथी बोले -
'हाँ, हम ऐसा करेंगे, हमने
अपने मन में ठान लिया है।